BEI GRIN MACHT SICH IHR WISSEN BEZAHLT

Dorothee Ahlrichs

Fidelio – Vorstellung eines Schulbuches für den Musikunterricht in der Grundschule

GRIN Verlag

Bibliografische Information der Deutschen Nationalbibliothek:

Die Deutsche Bibliothek verzeichnet diese Publikation in der Deutschen National-
bibliografie; detaillierte bibliografische Daten sind im Internet über http://dnb.d-
nb.de/ abrufbar.

Impressum:

Copyright © 2006 GRIN Verlag GmbH
Druck und Bindung: Books on Demand GmbH, Norderstedt Germany
ISBN: 978-3-638-86078-9

Dieses Buch bei GRIN:

http://www.grin.com/de/e-book/54841/fidelio-vorstellung-eines-schulbuches-fuer-
den-musikunterricht-in-der

Westfälische Wilhelms-Universität Münster
Musikpädagogik und Musikwissenschaften
WS 2005/06
Seminar: Schulbücher im Vergleich

Dorothee Ahlrichs
6. Semester, Lehramt Primarstufe

Vorstellung eines Schulbuches für den Musikunterricht in der Grundschule

Inhaltsverzeichnis

1. Einleitung

Das Angebot an Musikbüchern für die Grundschule ist groß, daher ist es bei der Wahl eines geeigneten Lehrwerkes wichtig, sich zunächst Gedanken darüber zu machen, welche Kriterien das Buch erfüllen soll. Ein Aspekt, der insbesondere zu Beginn der Suche wichtig ist, ist die äußere Gestaltung, da das Schulbuch die Kinder motivieren soll, es eigenständig in die Hand zu nehmen und Lust zu bekommen, damit zu arbeiten.

In der Bibliothek ist mir der Einband der Musikschulbuchreihe FIDELIO 1 – 4 bei der Suche eines Lehrwerkes zur Vorstellung im Seminar direkt ins Auge gesprungen. Die fröhlichen Farben und ansprechenden Graphiken auf dem Hardcover sind ein großer Anreiz, in dem Buch zu blättern. Die ersten Blicke in das Buch lassen viele weitere schöne Zeichnungen und phantasievolle Themen erkennen. Damit war bei mir eine grundlegende Motivation geschaffen, mich mit dem Buch näher zu beschäftigen – ein Funke, der sicherlich auch schnell auf Kinder überspringen wird.

In der folgenden Vorstellung von FIDELIO sollen weitere wichtige Kriterien, die ein Schulbuch für den Musikunterricht in der Grundschule erfüllen sollte, einfließen und als Grundlage zu einer abschließenden Bewertung des Buches dienen. Dazu werde ich zunächst einen Kriterienkatalog erstellen, der die Kriterien beinhaltet, die für wichtig erachte.

2. Kriterienkatalog zur Bewertung von Musikschulbüchern

2.1 Gestaltung

- für Kinder ansprechende Gestaltung des Buchumschlags
- phantasievolle und anregende, aber nicht überladene Gestaltung der Themen
- Verwendung von wiederkehrenden Symbolen zur Orientierung im Lehrwerk
- Übersichtlichkeit
- altersgerechte Schriftgrößen

2.2 Inhalte

- Abdeckung der Lernbereiche Rezeption, Reflexion, Reproduktion, Transposition und Produktion
- fächerübergreifende Aspekte
- kreativitätsfördernde Elemente
- stimmbildnerische Aspekte
- interkulturelle Aspekte
- E – Musik (alte und neue) und U – Musik
- Anleitung zu größeren Projekten

- Behandlung größerer klassischer Werke mit Erarbeitung von Informationen zu den Komponisten
- Instrumentenkunde, Instrumentenbau
- verschiedene Arten der graphischen Notation
- phantasievolle Themen
- Anknüpfen an kindliche Vorerfahrungen und Lebenswelt der Kinder

2.3 Aufbau

- Nachvollziehbarkeit für die Kinder
- Behandlung jeden Themas über mehrere Seiten
- Spiralcurriculum (vor allem über die Schuljahre hinweg)

2.4 Methodik

- Möglichkeit des eigenständigen Arbeitens für die Kinder
- Verbindung von analytischen und ganzheitlichen Aspekten
- Verwendung aktueller didaktischer Konzeptionen

2.5 Lehrermaterialien

- ausführliche Erläuterung der Konzeption des Lehrwerkes
- Hintergrundinformationen zu allen Themengebieten
- weiterführende und ergänzende Vorschläge und Materialien für den Unterricht und zur Differenzierung
- Anleitungen zur Unterrichtsgestaltung für fachfremde Lehrkräfte
- Erläuterungen der Lehrinhalte der einzelnen Unterrichtsreihen
- Erläuterungen der didaktischen Ziele der einzelnen Unterrichtsreihen und Aufgaben

3. Daten zu FIDELIO

Titel:	Fidelio 1-4, Musik in der Grundschule
Autoren:	Birgit Braun-Rehm, Elisabeth Greipl, Micaela Grüner, Antje Hellmann, Petra Küfner, Iris Schmid, Reinhold Wirsching, Dorothea Zigldrum
Verlag:	Westermann Schulbuchverlag GmbH
Erscheinungsjahr:	Band 1: 2001, Band 2: 2002, Band 3: 2003, Band 4: 2004
Materialien, Preise:	Für jedes Schuljahr 1-4 gibt es:
	Schülerband (je € 11,50)
	Hörbeispiele, Doppel-CD (je € 34,-)
	Lehrermaterial (je € 14,-)
	Kopiervorlagen (je € 14,-)

4. Konzeption von FIDELIO[1]

Die moderne Optik und die vielen unterschiedlichen Zugangsweisen sollen bei den Schülern **Freude an Musik wecken**. Es wird an die musikalischen Vorerfahrungen der Kinder angeknüpft und mit verschiedensten musikalischen Ausdrucksformen gearbeitet. Fähigkeiten der Kinder im Singen, Spielen, Tanzen, Darstellen und Hören sollen gleichermaßen gefördert werden. Das Kind soll mit seinen **musikpraktischen Aktivitäten** im Mittelpunkt des Unterrichts stehen. Dabei spielt neben der Reproduktion von Liedern, Musikstücken, Tänzen usw. das Erfinden eigener Musikstücke bzw. Klangspiele eine große Rolle.

Das Buch deckt mit seinen Themengebieten alle vom Lehrplan geforderten Inhalte mehrfach ab, daher können die Lehrenden die **Themen** je nach Bedarf und Möglichkeiten der Lerngruppe **auswählen**, **vertiefen** oder **weglassen**.

Musikalische Phänomene sollen nicht isoliert betrachtet werden, sondern es soll eine **Integration der Lernbereiche** durch ganzheitliches Erleben von Musik ermöglicht werden. Jedes Kind soll dabei sine individuellen Vorlieben, Interessen und Fähigkeiten wieder finden und einbringen können.

Außerdem ermöglicht FIDELO **fächerübergreifendes Lernen**, was zu einer übergreifenden Verknüpfung von den Lerninhalten sämtlicher Fächer des Grundschulunterrichts (abgesehen von Mathematik) mit dem musikalischen Lernen und Musik-Erleben führen soll. Dabei geht es den Autoren neben den rationalen Erfahrungen vor allem um die Beeinflussung des Gefühls- und Gemütsleben Kinder.

Die Gestaltung der Themen von FIDELIO lassen viel Offenheit zu, damit – was von den Autoren als besonders wichtig erachtet wird – viele Möglichkeiten der Differenzierung möglich sind. Außerdem verfügt das Lehrerhandbuch über viele Zusatzangebote.

5. Fachliche Schwerpunkte[2]

5.1 Musik und Stimme

In FIDELIO soll das natürliche Bedürfnis von Kindern zu singen bzw. sich musikalisch auszudrücken gefördert werden. Eine Fülle von altersgemäßen Liedern sollen die Kinder zum Singen auffordern und zu weiteren musikalischen Tätigkeiten motivieren. Beim rhythmischen Sprechen von Kinderreimen, Abzählversen und Gedichten sollen die Kinder ihre Stimme in einer neu erlebten Ausdrucks- und Gestaltungsvielfalt erleben und dabei den Umgang mit rhythmischen Bausteinen vertiefen. Liedertexte werden in Band 1 durch Illustrationen veranschaulicht, damit die Kinder die Texte „mitlesen können. Spielerisch wird

---

[1]   Lehrerband, S.3.
[2]   Lehrerband, S.4-12.

auch das Mitlesen von (graphischen) Melodieverläufen angebahnt, was später in das Mitlesen des Notentextes übergeht.

Ein weiterer wichtiger Aspekt in FIDEILIO ist die Stimmbildung und Stimmpflege, die für die Kinder „erlebnishaft verpackt" wird. Die Übungen zur Körperhaltung, Atmung, Öffnung der Resonanzräume und Artikulation stehen dabei immer in engen Zusammenhang mit einem Lied bzw. einem Erlebniszusammenhang.

5.2 Musik mit Instrumenten

Neben dem Singen wird auf das Begleiten von Liedern mit (Körper-) Instrumenten in FIDELIO großen Wert gelegt. Bei dem Umgang mit Instrumenten achtet das Lehrwerk auch immer auf die korrekte Handhabung, wie z.b. Schlägelhaltung und Schlägelführung. Für viele Lieder stehen Begleitostinaten in verschiedene Notationsformen auf den Schulbuchseiten. Ist die Begleitung nicht explizit für Kinder thematisiert finden sich oftmals Vorschläge zur Begleitung im Lehrerhandbuch.

5.3 Musik erfinden

FIDELIO legt einen weiteren Schwerpunkt auf das eigenschöpferische Tätigsein der Kinder. Dabei geht es um das Experimentieren, Improvisieren und Gestalten sowohl mit verschiedenen Instrumenten als auch mit der eigenen Stimme. Durch persönliche „Stellungnahmen" sowie ein spontane Aussagefähigkeit des „Erfinders" soll damit ein wichtiger Beitrag zur Persönlichkeitsentwicklung gegeben werden. Des Weiteren stellt das Musik-Erfinden hohe Ansprüche an die soziale Kompetenz der Kinder, da gegenseitiges Zuhören, Akzeptanz von Spielregeln und faires Miteinander gefragt sind. Die Autoren von FIDELIO stellen beim Musik-Erfinden (im Gegensatz zum Komponieren) den Prozess des Erfindens in den Mittelpunkt und nicht die Endform.

Im Umgang mit Instrumenten lernen die Kinder verschiedene Materialien und Anschlagsarten kennen und beschäftigen sich mit unterschiedlichen Klangfarben und Tonlängen. Um ihre Ergebnisse notieren zu können werden mit den Kindern vielfältige graphische Notationsformen erarbeitet.

Für das Experimentieren mit Stimme stehe in FIDELIO eine Fülle von stimmlichen Impulsen zur Verfügung. Es gibt Spiele mit Vokalen, Konsonanten sowie Atem- und Mundgeräuschen, Echospiele, Fantasiesprachen, Imitation von Tierstimmen, Musikinstrumenten und Umweltgeräuschen. Die Kinder sollen die Erfahrung machen, dass die menschliche Stimme je nach Situation und Gefühlslage variieren kann.

5.4 Musik hören

FIDELIO ordnet dem aktiven, handlungsbegleiteten Musikhören einen hohen Stellenwert im Musikunterricht der Grundschule zu. Durch bewusstes Hören soll die Konzentration und Aufmerksamkeit der Kinder geschult werden und ihnen helfen in der Überfülle von akustischen Reizen in ihrer Umwelt differenziert und strukturiert wahrzunehmen. Das Musik hören soll allerdings immer mit dem Musik machen zusammenhängen. So sollen z.b. hörend erkundete Instrumente immer möglichst schnell auch selbst ausprobiert werden dürfen.

Die Schwerpunkte im Bereich Musik hören liegen bei FIDELIO neben dem Erkunden von Instrumenten vor allem bei Musikbegegnungen im Alltag und dem Hören musikalischer Werke. Die ausgewählten Stücke entstammen dabei verschiedener Stilrichtungen, Zeitepochen und Regionen. Im Lehrermaterial gibt es zu allen Musikstücken konkrete und vielseitige Höraufgaben und individuelle Hilfen und Zugangsmöglichkeiten.

Um den Kindern einen ganzheitlichen und aktiven Zugang zur Musik zu ermöglichen, sollen die Kinder ihre Höreindrücke auch immer emotional verarbeiten, weshalb über das Hören hinaus auch immer weitere Aktivitäten wie mitsingen, tanzen, malen oder mit Instrumenten spielen eingebunden werden.

5.5 Musik umsetzen

Die Bedeutung des Lernbereichs „Musik umsetzen" ist wird in FIDELIO besonders groß geschrieben, da das Lehrwerk – wie zuvor schön öfters angedeutet – großen Wert auf das ganzheitlichen Erleben von Musik legt.

Eine besonders wichtige Form des „Musik umsetzen" liegt in der Grundschule beim Tanz, durch den eine Vielfalt an musikalischen Bewegungs- und Ausdrucksmöglichkeiten entdeckt werden können. Neben der musikalischen und motorischen Entwicklung soll durch schöpferisches Tätigsein, Entdecken individueller Ausdrucksmöglichkeiten, Erweitern und Vertiefen des persönlichen Ausdrucks und Körpererfahrung und Körpersprache die allgemeine Persönlichkeitsentwicklung der Kinder gefördert werden.

Neben dem Tanz gibt es in FIDELIO auch phantasiereiche Spiellieder und musikalische Spielszenen, die die Kreativität der Kinder fördern sollen und lernbereichsintegrierend und fächerübergreifend angelegt sind.

6. Vorstellung einiger Themenkomplexe aus FIDELIO 1

6.1 Ich, du, wir

Das erste Thema von FIDELIO 1 bietet den Kindern einen Einstieg in den Musikunterricht über ein gezieltes Anknüpfen an musikalische Erfahrungen aus ihrem Alltag und dem Kindergarten. So finden sich z.b. auf der ersten Seite verschiedene Illustrationen von bekannten Kinderliedern (Hänschen klein, Kommt ein Vogel geflogen, Sendung mit der Maus, u.a.), die die Kinder erraten sollen und anregen sollen, ihre eigenen Lieblingslieder mitzubringen (z.B. in Form eines Liedblattes, auf einem Tonträger, in Form eines Bildes).

Im nächsten Abschnitt des Kapitels werden Begrüßungslieder mit den Kindern erarbeitet, die auch schon mit Bewegungen unterstützt werden. Diese Begrüßungslieder eignen sich auch sehr gut um sie in die schulischen Rituale, die sich insbesondere in den ersten Schulwochen bilden, einzubinden.

Auf den folgenden Seiten werden den Kindern schon die ersten Schlaginstrumente mitsamt einer Form der graphischen Darstellung ihrer Klangeigenschaften (Kurzklinger: •, Langklinger: —) vorgestellt und es darf mit ihnen experimentiert werden.

Wie in allen Themeneinheiten gibt es nach vier Seiten Themenbehandlung vier (gelbe) Seiten mit passenden Liedern. In diesem Kapitel findet sich dort z.B. auch das Lied „Alle Kinder lernen lesen", dass den Kindern die Möglichkeit gibt erste Erfahrungen mit dem Lesenlernen auszutauschen und nebenbei etwas über die Vokale zu lernen.

6.2 Komm, steig ein!

In diesem zweiten Kapitel von FIDELIO 1 erlernen die Kinder mit kleinen Rhythmusbausteinen zu operieren, wobei schon die ersten Grundlagen für das Erlernen der Notenwerte gelegt werden. In den folgenden Bänden von FIDELIO wird die hier gewählte Notation von Notenwerten weitergeführt, ausgebaut und schließlich in die traditionelle Schreibweise überführt.

Der Titel dieses Themenblocks bezieht sich auf die Eisenbahn. Auf der ersten Seite des Themenblocks wird die Bahnhofssituation als rhythmischer Sprechreim gestaltet. Der Reim soll durch eine Klanggestenfolge unterstützt werden und stimmlich variiert werden.

Auf den folgenden Seiten findet sich nach einem Eisenbahn–Spiel ein Bild mit verschiedenen Tieren vor einem Fahrkartenautomaten im Bahnhof, die sich gemäß der Silben in ihrem Namen (Elefant: — — ——, Ringelnatter: — — — —, Bär: ——, Ziege: —— ——, …) einen Fahrschein kaufen müssen und auch ihr Zugabteil auf diese Art und Weise gekennzeichnet finden (siehe auch Anlage Nr.1).

In den folgenden Bänden von FIDELIO finden sich irgendwann über den Balken die traditionellen Symbole für Viertel. und Achtelnoten, in Band werden diese auch explizit benannt.

6.3 Von Kopf bis Fuß

Im dritten Kapitel von FIDELIO 1 wird ein sehr konkreter Bezug zum Sachunterricht in der ersten Klasse hergestellt. Die spielerisch – musikalische Beschäftigung mit dem eigenen Körper kann die im Sachunterricht erworbenen Kenntnisse sehr gut ergänzen und vertiefen, sowie auf anderer Ebene verarbeiten.

Der Einstieg in das Thema erfolgt über eine Sensibilisierung des Körpers und eine „Begrüßung der Körperteile". Dem „Lied über mich" folgt das „Schnappschüsse"- Spiel, der „Siebensprung" als Tanzform und das Basteln von Tanzschmuck und im Liedteil finden sich u.a. ein afrikanisches Begrüßungslied und ein portugiesisches Tanzlied.

An diesem Kapitel lässt sich besonders gut zeigen, wie FIDELIO verschiedene Lernbereiche in einen Themenkomplex integriert und fächerübergreifend arbeitet. Das Sachunterricht-Thema „Körper" wird als Anlass zu einer bewussteren Körperwahrnehmung genommen. Bei den „lustigen Schnappschüssen" und schließlich der Erarbeitung eines Tanzes erkunden die Kinder ihren Körper als (musikalische) Ausdrucksform. Das Lied zum „Siebensprung" Tanz wird mit Hilfe von stimmlichen Experimenten eingeführt, wobei auch Atemübungen erfolgen. Der „Siebensprung"- Tanz wird mit einem geklatschen Rhythmus begleitet und bietet Anlass für die Kinder, den Tanz zu variieren und eigene kreative Ideen einfließen zu lassen. Schließlich erfolg durch das Basteln von Tanzschmuck eine Verbindung zum Kunstunterricht. Im „Wachmacherlied" werden die Kinder aufgefordert eine gute Singhaltung einzunehmen und es werden wiederum passenden Bewegungen eingeführt. Im Lied „Es tanzt ein Bi-Ba-Butzemann findet der Aspekt „Musik reflektieren" Beachtung: Die Kinder werden aufgefordert in verschiedenen Hörbeispielen (Orgelvariationen über den Bi-Ba-Butzemann) zu beschreiben, welche unterschiedlichen Stimmungen und Bewegungen des Butzemanns sie jeweils hören können.

Das afrikanische Begrüßungslied und das portugiesische Tanzlied bringen schließlich noch einen interkulturellen Aspekt mit in die Themeneinheit. Auf den Kopiervorlagen finden sich Anregungen, wie das afrikanische Lied rhythmisch begleitet werden kann, wobei die zuvor eingeführte Rhythmusnotation verwendet wird (siehe Anlage Nr.2).

6.4 Eine Reise zu den Sternen

In diesem Kapitel finden sich viele Impulse zu einem kreativen Umgang mit der Stimme. Spachen von Außerirdischen zeigen ungeahnte Möglichkeiten des Umgangs mit der eigenen Stimme und regen zum experimentieren mit verschiedenen Tonfällen an (siehe Anlage Nr.3).

Das Thema „Weltraum" und seine verschieden fiktiven Planeten ist sehr phantasieanregend für die Kinder angelegt und gibt viele Anlässe zum Entdecken neuer Klänge und dem Erfinden von Musik. Dazu wird mit verschiedenen graphischen Symbolen eine weitere Notationsform für Melodien eingeführt (siehe Anlage Nr.4).

6.5 Weitere Kapitel kurz vorgestellt

Das folgende Kapitel trägt die Überschrift „Höhlenklänge", was eine völlig andere Klangwelt darstellt und vielfältige Zugänge für die Kinder beinhaltet:

Im Kapitel „König Hupf" befindet sich eine ausführliche Anleitung zu einem größeren musikalischen und fächerübergreifen Projekt. Das Märchen von dem König, der nachts im Bett hüpfte um seine Sorgen zu vergessen soll von den Kindern in einer Spielszene verarbeitet werden. Dazu werden Kulissen angefertigt, Rollen eingeübt, Zwischenmusiken gespielt (traurige und lustige) und Texte geschrieben.

Anschließend findet sich zu jeder Jahreszeit noch ein Kapitel, wobei insbesondere das Kapitel über den Frühling hervorzuheben ist: Hier wird der Aspekt „mit allen Sinnen lernen" deutlich. Bei einem Frühlingstanz werden mit Duftöl beträufelte Tücher geschwungen und so sehen, fühlen, hören, riechen in eine Handlung eingebunden.

In dem Kapitel „Öhrlis Musiksommer" wird der Aspekt „Geräusche und Musik" im Alltag aufgegriffen und die Kinder werden für sie umgebenden akustischen Reize sensibilisiert.

7. Das Lehrerhandbuch

Der Aufbau des Lehrerhandbuches ist sehr übersichtlich und gut strukturiert. Es liegt in Form eines Ordners mit einem Register vor. Zu jeder Einheit gibt zunächst einen Überblick über den Aufbau des Themas und auf den folgenden Seiten zu jeder Schulbuchseite Hinweise zu den Lerninhalten, den zur Verfügung stehenden Materialien und Medien (Kopiervorlagen, CD…), sowie Hinweise für den Unterricht und oftmals weiterführende Zusatzangebote. Für Fachlehrer sind diese Informationen sicher ausreichend und hilfreich.

Für fachfremde Lehrer wäre es allerdings sehr wichtig, weitere Informationen über die didaktischen Ziele bestimmter Aspekte zu erfahren. So findet z.B. viel Stimmbildung in die Einheiten eingebunden statt, doch ein fachfremder Lehrer wird den Sinn der Übungen und die korrekte Durchführung möglicherweise nicht nachvollziehen können. Auch für Fachlehrer wären an manchen Stellen weiterreichende Informationen sehr hilfreich und anregend. So könnten z.B: zu einem afrikanischen Lied oder einem portugiesischen Tanz Hintergrundinformationen und entstehungsgeschichtliche Aspekte sehr sinnvoll sein.

8. Bewertung und Einschätzung der Schultauglichkeit

Mit dem Blick auf meinen zu Beginn erstellten Kriterienkatalog komme ich zu einer sehr positiven Bewertung des Lehrwerkes. Den Punkt „Gestaltung" betreffend sind alle Kriterien erfüllt, abgesehen von der altersgerechten Schriftgröße, da ich finden, dass die Schriftgröße im ersten Band etwas zu klein ist.

Die von mir erwünschen Inhalte werden alle abgedeckt. Sicherlich nicht alle in dem vorgestellten Band 1, daher werde ich einige Themen aus den folgenden Bänden kurz erwähnen: In jedem Band wird ein neues Instrument mitsamt dafür geschriebener größerer musikalischer Werke vorgestellt In Band 3 gibt es eine sehr große interkulturelle Einheit über Musik in verschiedenen Ländern. Im dritten und vierten Band gibt es neben Einheiten zu Komponisten im Anhang ein kleines Lexikon. Erwähnenswert ist auch das Thema „Behinderung", wobei hier über ein Lied von Grönemeyer eingestiegen wird, in dem er von einem tauben Mädchen singt.

Der des Lehrwerkes gefällt mir sowohl innerhalb der einzelnen Bände sehr gut, als auch das Spiralkurriculum betreffend. Dabei beziehe ich mich einerseits auf die Übersichtlichkeit der einzelnen Kapitel und die ausführliche Behandlung eines Themas über in der Regel 8 Seiten. Andererseits ist die zuvor erläuterte Einführung in graphische Notationsformen und traditionelle Rhythmusnotation hervorzuheben.

Die Methodik erfüllt ebenfalls die geforderten Kriterien „eigenständiges Arbeiten", „Verbindung analytischer und ganzheitlicher Aspekte" und „Verwendung didaktischer Konzeptionen".

Ich halte die Schulbuchreihe FIDELIO 1-4 für ein sehr gelungenes Lehrwerk und würde es mit viel Freude in meinem Musikunterricht einsetzen. Es lohnt sich sicherlich, Klassensätze davon zu besorgen, da die Gestaltung sehr ansprechend ist und die Kinder sehr gut eigenständig mit dem Buch arbeiten können.